DOMINIQUE PAPETY

SA VIE ET SES ŒUVRES

ÉTUDE BIOGRAPHIQUE ET LITTÉRAIRE

PAR

F. TAMISIER,

Professeur au Lycée impérial.

> Papety était un héritier direct de la grande tradition française, on peut dire qu'il descendait du Poussin. Maîtres de tous les temps et de tous les pays, architecture, paysage, il avait tout étudié, tout compris, tout rendu avec succès.
>
> (B. *Journal des Débats*, 13 janvier 1850.)

MARSEILLE.

TYPOGRAPHIE ET LITHOGRAPHIE ARNAUD ET COMP^e,

RUE CANEBIÈRE, 10.

1857

DOMINIQUE PAPETY.

SA VIE ET SES ŒUVRES. (1)

I

Dominique Papety, ce talent précoce et de bonne heure promis à la gloire, ce peintre touchant et pur dont les arts pleurent la mort prématurée, naquit à Marseille, le 12 août 1815. Il était le fils aîné d'un honnête industriel qui, sous les cheveux blancs, conserve à cette heure l'activité et le feu de la jeunesse.

Dès ses premières années, Dominique Papety trahit sa vocation pour les arts et fit éclater sa passion pour le dessin et la peinture. Il venait d'atteindre sa cinquième année, et savait à peine épeler les premières lettres de l'alphabet, lorsque une histoire de France où les portraits de nos rois sont encadrés dans des médaillons que forme l'entrelacement de deux lauriers, étant venue à lui tomber sous la main, il se prit à dessiner le profil de Saint-Louis. La ressemblance en fut si bien saisie que le père Papety garda long-temps ce premier échantillon d'un talent encore en germe, et qui était destiné à grandir. Un des maîtres auxquels fut confiée l'enfance de Papety nous le représente comme une nature apathique, indolente et molle, ne prenant pas grand goût aux études si arides de la grammaire, mais en revanche montrant pour le dessin une prédilection obstinée. Sans cesse le fusain à la main, il traçait tantôt un nez, tantôt un œil, d'autres fois il s'essayait dans le paysage, esquissait une fleur, ou dessinait un arbre, barbouillant à la fois ses cahiers, ses mains et son visage de ce crayon noir qu'il ne quittait jamais.

A ce premier maître qui ne put vaincre les goûts prédominants du jeune Dominique, en succéda un autre qui eut le bonheur d'ouvrir l'esprit de son élève à la compréhension du beau.

C'était un ancien oratorien du nom de Béraud, vieux célibataire,

(1) J'ai consulté utilement pour la rédaction de cette notice, M. Papety, le frère de notre peintre, MM. Loubon, Maccabelly, Lagier ; je dois également beaucoup à M. Audouard, M. Louis de Cormenin, M. J. Autran. J'ai aussi emprunté quelques détails à la *Revue des deux Mondes*, aux *Débats*, au *Constitutionnel*, à l'*Illustration*, à l'*Artiste*, etc., etc.

qui avait pris, par hasard, un appartement au troisième étage de la maison habitée par la famille Papety.

Esprit sagace, ennemi de la routine, ayant d'ailleurs une vieille expérience de l'enseignement et sachant varier sa méthode suivant le caractère, il se garda bien de lutter contre la passion désordonnée de son élève pour le dessin; il le laissa charbonner ses cahiers de figures informes et de nez pyramidaux, et pour mieux s'emparer de cette intelligence un peu capricieuse que rébutait la grammaire, il dissimula l'austérité de ses leçons sous la forme d'une causerie agréable : le professeur se promenait chaque soir comme un péripatéticien avec son élève d'un bout à l'autre de son appartement, le plus souvent sans lumière, à la seule clarté de la lune ou des étoiles, et lui inculquait ainsi tour à tour avec douceur et sans pédantisme, les premières notions de la grammaire, de l'histoire et de la littérature. Le jeune Papety entra de plein pied dans l'étude, en suivant cette route facile et ces sentiers fleuris. Son professeur lui fit apprendre par cœur les plus beaux morceaux de la poésie française, et il orna de bonne heure la mémoire de Papety qui prit goût à ces exercices mnémoniques et se laissa aller bientôt à l'étude de l'histoire avec une sorte d'entraînement. Ce goût ne devait point le quitter. Le jeune artiste avait déjà compris, avec cette prescience qui est un don du génie, que la connaissance de l'histoire est une des premières conditions pour devenir un grand peintre.

Dominique Papety fut donc redevable à l'oratorien respectable qu'un hasard heureux lui avait donné pour maître, de cette éducation historique et de cette culture littéraire dont l'absence exerce une influence si fâcheuse sur les ouvrages de nos peintres et de nos statuaires; il apprit le latin, il aborda le grec, il sut par cœur les plus belles tirades de Virgile et d'Homère, et déposa dans sa mémoire le germe de compositions pleines de simplicité et de grandeur. Qui ne sait combien les artistes sont en général peu lettrés? Le plus souvent, ils se montrent d'une ignorance absolue sur le sujet qu'ils ont à traiter et n'ont dans l'esprit que des notions incomplètes et confuses qui servent à les égarer. C'est ce qui faisait dire à un éminent critique (1), frappé de la légéreté du bagage littéraire de la plupart de nos artistes, que leur éducation ne serait complète que du jour où l'Ecole des Beaux-Arts posséderait comme l'Ecole Polytechnique une chaire de littérature comparée. « Phidias, ajoute-t-il, se nourrissait de la lecture d'Homère, et le Jupiter olympien n'est qu'une page de l'Iliade dont chaque mot anime l'or et l'ivoire comme le feu dérobé par Prométhée animait l'argile. »

En même temps que la lecture des poëtes et l'étude attentive de l'histoire éveillait dans l'âme du jeune Papety des pensées nouvelles, il apprenait le dessin sous un maître habile, M. Aubert, directeur du Musée de Marseille, qui a formé plusieurs générations d'artistes, statuaires ou peintres, devenus maîtres à leur tour.

Dominique ne tarda pas, en présence de rivaux nombreux, à se sentir piqué par la langue de feu de l'émulation. Dès qu'il put prendre part aux concours annuels de l'école de dessin, il fut couronné, et tout le temps qu'il y resta, il se maintint au premier rang et cumula les médailles d'argent et les prix d'honneur.

M. Aubert, qui était un dessinateur de premier ordre, n'eut pas de peine à reconnaître en Dominique Papety toutes les qualités qui

(1) Gustave Planche. — Portraits d'artistes.

annoncent le véritable artiste; il lui voua une affection des plus tendres, le regarda bientôt comme son fils et lui prédit les plus brillantes destinées.

A l'âge de 18 ans, Papety avait déjà terminé deux tableaux d'assez grande dimension; on les vit pour la première fois à l'Exposition publique de 1834, où tout Marseille courut admirer ces heureux essais qui annonçaient un maître.

Le premier, représente Jésus prononçant ce mot touchant : *Sinite parvulos venire ad me*, sujet traité, quelques années plus tard, par M. Hippolyte Flandrin. Cette toile, qui renferme jusqu'à vingt personnages, manque un peu de couleur et surtout de mouvement; le personnage de Jésus, quoique bien dessiné, a trop de raideur et n'a pas le front assez éclairé, peut-être, du rayon divin; mais elle est d'une franchise de pinceau, d'une facilité de touche qui en font dans son ensemble une œuvre fort remarquable pour un écolier.

M. le comte de Forbin, directeur des Musées de France, visitant un jour le Musée de Marseille, trouva cette toile sur le chevalet, il demanda le nom de l'artiste qui la peignait. C'est un modeste élève de l'école, lui répondit M. Aubert, il s'appelle Papety. M. le comte de Forbin se récria; il ne pouvait croire qu'une composition si gracieuse où se montrait déjà une rare souplesse de talent, pût être l'œuvre d'un novice; il voulut voir l'élève; on le lui présenta immédiatement. Le noble comte serra dans ses bras le jeune artiste, et l'engagea fortement à se rendre à Paris pour y poursuivre le cours d'études qui devaient le conduire haut et loin dans la belle carrière qui s'ouvrait devant lui.

Le *Sinite parvulos venire ad me* est le début de Dominique Papety; c'est la première date de son talent. A ce titre c'est un tableau qui ne manque pas d'une certaine valeur; (1) à l'heure où j'écris, on peut le contempler à loisir chez M. Tassy, rue de la Darce, où il est exposé et mis en vente. Le prix demandé est de 3,000 fr.

L'*Intérieur de l'atelier de M. Aubert*, composé un an après, marque dans le talent de Papety un progrès incontestable. M. Aubert, à qui le jeune peintre en fit hommage, le conserve religieusement : c'est une galerie de portraits d'un relief admirable et où déjà l'on devine un grand peintre.

Nous touchons ici à une crise dans la vie de notre artiste. L'heure était venue pour lui de suivre définitivement une carrière et de choisir entre l'industrie paternelle et la peinture. Le père Papety comptait naturellement sur l'aîné de ses fils pour le seconder dans les travaux de sa fabrique de savon. Il voulait lui léguer une industrie honorable qui le conduisît à la fortune ou lui assurât du moins une honnête aisance; et il lui faisait entrevoir avec ce bon sens rigide et cet esprit positif qui distingue les hommes d'affaires et les commerçants, l'incertitude et les déceptions amères de la carrière qu'il allait embrasser. Papety put craindre alors un instant de voir son avenir brisé après le plus éclatant début; il avait déjà la conscience de sa valeur personnelle, il avait foi à son avenir de peintre et d'artiste; l'Ecriture Sainte, l'Histoire, l'Archéologie, la Géographie pittoresque absorbaient déjà tout le temps qu'il ne donnait point à ses études de perspective, de peinture et d'architecture; il fallait donc renoncer à ces chers travaux où il versait son âme tout

(1) On a déjà, dans cette *Revue*, émis le vœu que le Conseil Municipal s'en fit l'acquéreur et en enrichît notre Musée, qui n'a que deux tableaux de Papety : le *Mercure* et la *Vierge consolatrice*.

entière, il fallait briser son crayon et jeter ses pinceaux : le sacrifice était trop grand, il ne voulut, il ne put le faire; il manifesta fermement et sans hésiter son désir de continuer le sillon qu'il avait commencé et de poursuivre sa trace. Son père fléchit devant une vocation aussi obstinée; l'opposition d'une mère tendre cessa devant la fermeté respectueuse d'un fils adoré, et Papety partit pour Paris en 1835. — Là, il entra dans l'atelier de M. Cogniet dont il devint bientôt le meilleur élève. Ce maître habile n'hésita pas à lui confier, dès la première année, quelques parties importantes de son tableau représentant la *Patrie en danger*. Cette coopération se trouve, au dire de M. Audouard, oncle de Papety, constatée sur un médaillon placé au bas du tableau de ce maître.

Dans une revue nécrologique des jeunes talents moissonnés avant l'heure, un littérateur qui paraît avoir connu Papety à ses débuts à Paris, nous le représente comme travaillant obstinément, quoique atteint, de temps en temps, par la nostalgie. « Parfois, dit M. Louis de Cormenin (1), Papety se promenait la nuit, faisant des courses insensées par la ville déserte, et, rompu de fatigue, ému, bouleversé, il s'asseyait sur les marches des églises, la tête dans ses mains et pleurant. Paris est sombre pour ces gais méridionaux accoutumés aux caresses des brises marines, bercés aux sourires lumineux du soleil dans les oisives douceurs du *far niente.* » Toutefois, le découragement n'affadit pas les fortes âmes.

Papety concourut pour le grand prix de Rome, et il entra en loge en 1836. Le sujet donné (2) était emprunté à la Bible, c'était le *Frappement du Rocher* par Moïse. Papety qui avait médité l'Ecriture Sainte et s'était fortement nourri de la lecture de la Bible, cette moëlle de lion des artistes, se trouva sur un terrain familier, la peinture religieuse qui avait été son début. Du premier coup, il surpassa tous ses concurrents et remporta le premier prix. (1) Son tableau, qui fait encore aujourd'hui l'admiration des connaisseurs au palais des Beaux-Arts, à Paris, eut un grand succès; il le dut à l'ordonnance et à l'heureux agencement des groupes, et surtout à une fidélité historique, à une couleur locale qui révélaient des études sérieuses manquant presque toujours à nos jeunes candidats.

II

Papety brûlait du désir de voir l'Italie : l'Ecole française ne pouvait le satisfaire complètement. Son idéal, c'était Raphaël. Il prit donc congé de M. Cogniet et alla demander à Rome son baptême d'artiste et son brevet de maîtrise. Dans cette métropole des arts si féconde en leçons pour l'artiste intelligent qui sait y vivre dans le commerce de Michel-Ange et l'intimité de Raphaël, Dominique Papety ne suivit pas l'exemple de la plupart des jeunes pensionnaires de l'Académie qui, se bornant à respirer l'air pur de la campagne romaine, demeurent ce qu'ils étaient, pratiquent fort peu les grands maîtres et gardent le plus souvent les idées étroites et les principes exclusifs qu'ils ont puisés dans leur atelier de Paris.

(1) *Revue de Paris* 1850.

(2) On sait que le Poussin a fait plusieurs *Frappements du Rocher*. Le plus beau de tous a été gravé par Baudet, et il a passé, avec les *Sept-Sacrements*, de la galerie d'Orléans dans la galerie de Bridgewater.

(3) M. Flandrin n'obtint que le second prix. Le beau succès de Papety fut célébré par une ode d'Albert Maurin, poète marseillais.

Nature essentiellement compréhensive et assimilante, Dominique Papety était italien au bout de quelques mois; il pénétrait le génie de Raphaël, jouissait de ses œuvres d'une manière toute personnelle, et en présence de l'*Ecole d'Athènes*, de *la Transfiguration* et des autres merveilles de ce pinceau surhumain, il se sentait ému, saisi, enlevé. Mais son admiration était intelligente et son enthousiasme réfléchi. La vue de ces peintures suscitait en lui une moisson abondante de pensées que la foule ne soupçonne point; et ces pensées, il devait un jour chercher à les traduire avec sa riche palette. Interpréter les maîtres sans faire du pastiche, les imiter sans descendre au plagiat, et reproduire, avec un pinceau antique, les sentiments et les idées modernes, telle devait être sa méthode et son but. Couronné du laurier de l'Institut et sentant que noblesse oblige, Papety vécut à Rome, comme y doit vivre tout homme qui se sent appelé à marcher sur la trace des maîtres.

M. Joseph Autran (1), son compatriote et son ami, qui eut occasion de l'y voir à cette époque, nous le montre « grave, studieux, recueilli, modeste, mettant à profit chaque heure d'un séjour si fertile en enseignements, n'hésitant jamais, entre une étude sévère et un plaisir frivole, à sacrifier la chose vaine à la chose sérieuse; songeant sans cesse que son pays, le jour où il y rentrerait, lui demanderait compte de toutes les journées passées à l'Académie de France. » Nous avons sous les yeux un manuscrit de Papety qui atteste ses longues et consciencieuses études et qui témoigne de son activité infatigable pour rechercher et étudier les chefs-d'œuvre innombrables qui peuplent Rome et l'Italie.

Nous y trouvons un aperçu général sur Rome et ses environs, des notions géologiques sur le plateau romain, sur la formation et les agrandissements de la ville antique; la description de ses portes, de ses voies, de ses ruines, de ses monuments les plus précieux et de ceux dont on peut fixer le plan d'après des données certaines. Ses quartiers, ses places, ses jardins, ses thermes, ses temples, ses amphithéâtres y sont minutieusement étudiés et décrits. La date des fouilles qui y ont été pratiquées à diverses époques, y est exactement consignée, et l'on y trouve une foule d'anecdotes historiques dont le souvenir est évoqué naturellement par chaque pierre de ces éloquents débris.

Vient ensuite un cahier de voyages faits en commun avec les pensionnaires de Rome, ordinairement trois ou quatre, cinq au plus. C'est Brian, statuaire, natif d'Avignon, arrivé aujourd'hui à une célébrité légitime qu'il partage avec un frère également bien doué; c'est Farochon, graveur du plus haut mérite et ami intime de Papety qui, à son lit de mort, lui léguera la tutelle de sa fille et le soin de ses intérêts les plus chers; c'est encore Ottin, Clerget, Blanchard, sculpteurs, architectes et peintres qui, tous, depuis, ont montré du talent et conquis sinon la gloire, du moins une juste renommée. Leur cicerone habituel est M. Nibby, qui possède à fond l'histoire de l'architecture et de la peinture italienne, et fournit aux pensionnaires de la villa Médicis tous les renseignements qu'ils peuvent désirer sur l'emplacement et la date des anciennes cons-

(1) On lit dans le feuilleton de la *Gazette du Midi* (25 juin 1840) une fort belle composition poétique de M. J. Autran, intitulée : *Ma première nuit à Rome*, et dédiée à son ami Dominique Papety, pensionnaire de l'Académie de France à Rome. C'est une riche et magnifique description des ruines romaines à travers lesquelles le poète est guidé par l'artiste.

tructions romaines. Dans ce cahier écrit en courant, à travers les monuments et les ruines, Papety a déposé toutes ses impressions, toutes ses joies. A chaque page éclatent, en points exclamatifs, les sensations délicieuses qu'éprouvait son âme d'artiste en face des chefs-d'œuvre, sensations sans cesse renouvelées et qu'il ne croyait jamais acheter trop cher par les fatigues d'une marche forcée à travers des chemins souvent impraticables.

A la suite de ces courses multipliées dans les environs de Rome, viennent des voyages dans la Sabine, dans l'Etrurie, à Naples, à Florence, etc. (1). En lisant ces cahiers, on pressent l'archéologue futur, l'historien curieux et savant de la peinture byzantine et l'infatigable voyageur qui devait pousser ses recherches sur l'art jusqu'à la crète du mont Athos.

Quelles œuvres de peinture furent le fruit de ces courses et de ces travaux entrepris avec tant d'ardeur? Il est temps de le dire. La première toile envoyée de Rome par Dominique Papety, qui avait alors pour maître et pour guide le plus grand peintre de notre temps (2), fut d'abord une gracieuse et élégante étude de femme rendue peut-être avec une recherche plus minutieuse que savante. La critique parisienne, tout en blâmant la couleur grise et froide de cette odalisque, convint que c'était la peinture la plus sérieusement abordée qui fût venue de Rome, cette année-là.

On le voit, Papety gardait encore, à Rome, le rang qu'il avait su conquérir à Paris et à Marseille dès son début. On le citait un jour devant son directeur (3) comme un élève hors ligne. — Elève! reprit l'illustre disciple de David, Papety ne l'a jamais été; il fut maître du jour où il toucha le pinceau!

Sa seconde toile est un *Mercure* (4), tableau d'assez grande dimension, donné par M. Albert Rostand au Musée de Marseille. Il est d'une grande correction de dessin, et l'on comprend que le *faire* de Papety s'est déjà amélioré sous l'œil et la main d'un guide supérieur.

Enfin, Papety envoya de Rome son *Moïse sauvé des eaux*, que des connaisseurs regardent comme son chef-d'œuvre. C'est pendant sa troisième année de séjour à Rome, comme pensionnaire, qu'il produisit cette belle œuvre que M. Eschasseriau, architecte, lui avait commandée, en laissant le choix du sujet à l'inspiration du jeune artiste. Payé mille francs à l'auteur, ce tableau revint de Paris à Marseille; il fût cédé à M. Joba et passa de ses mains dans celles de son cousin, qui le vendit à un marchand étranger pour la somme de 10,000 francs. Cette somme fut doublée à ce dernier par l'administration du Musée de Munich, où nos touristes l'admirent aujourd'hui, en regrettant que la France n'ait point su le retenir. Un thème biblique avait fait obtenir à Papety le grand prix de Rome au concours de 1837; c'était encore la reproduction d'un événement simple et grand, emprunté à la Bible, qui allait lui attirer un concert de

(1) Papety ne vit Venise que beaucoup plus tard.

(2) M. Ingres, directeur de l'Académie de Rome, en 1836. Il succédait, je crois, à Guérin.

(3) M. Ingres avait pour Papety une prédilection marquée. Ses camarades de la villa Medicis ne l'appelaient que le disciple bien-aimé.

(4) Il y a au Musée de Marseille un autre *Mercure*: c'est une copie estimée de Raphaël, par M. Ingres.

louanges unanimes. Décidément, l'Ecriture-Sainte portait bonheur à notre peintre marseillais.

Cette première page de la vie de Moïse, racontée par Papety, peut soutenir la comparaison avec l'ode ravissante de Victor Hugo; seulement, Papety a changé l'heure de la scène, il l'a mise au déclin du jour, ce qui lui a permis d'y verser une belle couleur fauve et d'obtenir une peinture vraiment orientale, La fille de Pharaon est couchée à gauche du tableau sur un tapis, les pieds au bord du Nil. Le fleuve monte à droite, et sa nappe limoneuse et jaunâtre va se perdre dans les teintes chaudes d'un magnifique soleil couchant. Devant la princesse, est un panier ouvert; à côté, deux esclaves à genoux dont les mains élèvent un enfant. Debout, une négresse de belle race tient un écran; ses bras sont ornés de bracelets d'ivoire; auprès du tapis sont groupées de belles suivantes. Toutes ces femmes, au teint bronzé, sont d'une beauté sévère. C'est bien là le type asiatique mélangé de sang éthiopien.

Les personnages qui animent cette toile sont dessinés avec cette correction et cette pureté limpide qui distingua dès l'abord la manière de Papety, et dont M. Ingres, ce maître rigide de la ligne, dut lui apprendre tous les secrets. On adressa pourtant plus d'une critique à cette œuvre; on lui reprocha surtout une sorte d'immobilité sculpturale qui lui donnait à peu près l'aspect d'un bas-relief. Ce reproche a été d'ailleurs adressé souvent aux élèves de M. Ingres et à M. Ingres lui-même, qui, en sa qualité d'élève de David, se distingue surtout par la sévérité du dessin et l'harmonie des lignes.

M. Joseph Autran, admirateur et ami de Papety, se chargea d'y répondre dans un feuilleton du *Sud*, dont nous extrairons le passage suivant :

« Ce calme, cette tranquillité d'attitude, cette expression muette des figures nous paraissent ressortir de la nature même de la scène et de l'heure. Songeons bien que c'est le soir, au moment où tout dans la nature semble se recueillir et s'immobiliser; songeons que nous avons devant les yeux de jeunes filles élevées dans les habitudes sévères de l'ancien esclavage, et qui, d'après les mœurs de leur nation, doivent se tenir en présence de leur maîtresse, du sang royal, dans une attitude grave et respectueuse... Ne fallait-il pas d'ailleurs donner à cette page empruntée aux annales de la vieille Egypte cette empreinte de gravité muette et presque mystérieuse, cachet invariable de tous les monuments de la terre d'Isis? »

Le *Moïse sauvé des eaux* inspira la muse facile et brillante de Méry. Voici les vers improvisés par notre charmant poète en présence de cette riche composition.

A J. Autran.

Quand tu feras la lettre à ce noble jeune homme,
Que Marseille confie aux ateliers de Rome,
Et que le ciel dota d'un précoce talent,
Dis-lui bien que Marseille, aux tableaux qu'il enfante,
Réserve un clou de bronze, une hymne triomphante,
Un cadre d'or étincelant.

Dis-lui que tous, ici, les mains jointes, en foule,
Aux pieds de sa Memphis, où le Nil jaune coule,
Nous avons admiré l'enfant sauvé de l'eau;
Et qu'au tomber du jour, toute lumière éteinte,
Du soleil d'Orient la merveilleuse teinte
Brillait encor sur son tableau.

Dis-lui qu'il a reçu le soufle poétique
Que Robert exhala devant l'Adriatique,
Héritage divin qui flottait dans les airs;
Sur le chemin de Rome, un enfant de Marseille
Le recueillit, tombé de la voûte vermeille,
Au pied des Apennins déserts!

Maintenant nous dirons à sa ville natale,
Riche dans l'univers comme une capitale,
Nous dirons qu'un grand peintre est là, le front baissé
Sous l'inspiration du ciel qui le conseille,
Ses pinceaux à la main, demandant à Marseille
Quelque histoire du temps passé.

Il faut que la cité, généreuse patrone,
Reine de l'Orient, assise sur son trône,
Ainsi parle à son fils: Crée un large tableau;
Fais, et mes mains sauront remplir tes mains pieuses
De rameaux, de corail, de pierres précieuses,
De perles de la plus belle eau.

Dans mon Musée étroit, somnolente chapelle,
Cherche bien sur ces murs, hélas! rien ne rappelle
Les grands jours de ma gloire aux yeux du pélerin!
Moi qui plantai partout la croix de mes antennes,
Moi qui sonde le creux des mers les plus lointaines
Avec mon ancre aux becs d'airain!

Un jour, date d'orgueil, belle entre mes histoires,
Mes filles au teint brun, aux chevelures noires,
Quittèrent la quenouille à l'heure du danger;
Et priant à genoux la Vierge des Grands-Carmes,
Se levèrent soldats, et saisirent des armes,
Et firent pâlir l'étranger.

Ce tableau, je l'attends de toi comme une fête;
Quand il sera fini, je veux ceindre ta tête,
D'un feuillage gaulois arrondi par ma main;
De verveine sacrée aux vierges sybillines,
De thym, de genêt d'or, cueillis sur nos collines,
De myrte et de laurier romain.

(Extrait du *Sud* 16 mars 1839, n° 2265.)

Après le *Moïse sauvé des eaux*, Papety composa successivement un *Saint-Joseph tenant l'enfant Jésus*, pour l'église de Saint-Victor, paroisse de sa famille, et plus tard un autre *Saint-Joseph et une Sainte-Philomène* pour la Major. Ajoutons, pour clore la liste des tableaux destinés aux églises de Marseille, un *Sacré-Cœur* qui fait le plus bel ornement de la chapelle de la Vierge de Notre-Dame-de-la-Garde.

Voici du reste l'extrait d'une lettre adressée de Rome par Papety à son ancien maître, M. Aubert, qui nous donnera une idée de la manière dont notre artiste marseillais concevait la peinture religieuse:

« Quand je ferai, dit-il, une peinture d'église ou d'oratoire, je tâcherai d'en éloigner toute idée mondaine ou matérielle, je tâcherai de conserver la pensée chrétienne, et je croirai bien faire, parce que la religion étant toujours la même, les idées religieuses en peinture n'auraient pas dû changer. Au lieu d'y placer ces peintures sévères qui ne sont pas faites pour distraire, mais pour recueillir, on a fait de nos églises autant de musées où l'étranger, le voyageur, l'Anglais viennent passer leurs loisirs, un guide à la main, levant à peine leur chapeau par respect pour le lieu où ils sont. Et dans ces peintures, les peintres ont mis tout ce qui leur passe dans la tête ; des seins de femmes, des derrières nus et bien d'autres choses que je ne nommerai pas. Pourquoi? Parce qu'ils n'avaient pas de croyance, parce qu'ils faisaient cette peinture aussi bien pour une église que pour un musée, et le ministre ignorant a pris ces peintures, il les a placées dans son église, il n'a pas vu que, loin de remplir son but qui est celui d'édifier, il n'a fait au contraire que distraire, trop heurenx quand ces images n'ont pas fait naître, chez les jeunes gens, des idées lascives dont leur éducation les avait préservés ; et je conçois alors le purisme des protestants qui a éloigné du temple toute image des hommes....

« Pour mieux vous faire comprendre mon but en fait d'art religieux, je veux vous dire mon opinion sur les peintres qui doivent me servir d'exemple. En premier lieu, comme les plus anciens, les mosaïstes et les images de Saint-Luc, puis le Pérugin et Pinturicchio; Fra Bartholomeo et Raphaël! C'est lui qui, selon moi, remporte la palme. Ainsi, il serait facile de nous entendre. Selon moi, la *Dispute du Saint-Sacrement* est le *nec plus ultra* de la peinture religieuse. Là, la pensée est alliée à tout ce que la forme a de plus beau. C'est là la perfection. Rien pour moi ne l'efface, ni même ne l'approche. Plus tard, Raphaël fit de l'art comme art; l'exemple de Michel-Ange l'entraîna; il oublia quelquefois qu'il travaillait pour des églises, et sa peinture devint mondaine ; partout ailleurs elle était admirable. C'est donc cette distinction entre l'art religieux et l'art civil qui m'a fait faire en même temps mon *Saint-Joseph* et une *Femme couchée* que j'appellerai un ouvrage civil. En la faisant, je pensais à la troisième manière de Raphaël, au Titien, à Michel-Ange, Paul Veronèse, Jean Bellini, Francia; mes idées étaient différentes, mon but n'était plus le même : Phidias redevenait mon idole. »

Cette lettre qui est fort longue et ressemble à une dissertation sur a peinture religieuse, sur son caractère, ses conditions et son but, porte la date du 25 septembre 1839; elle est empreinte d'un sentiment profond de l'art chrétien, et se termine par ces paroles qui montrent la modestie du jeune peintre et sa respectueuse déférence pour le maître qui guida ses premiers pas dans la carrière :

« Vous qui, plus tranquille et à l'ombre, pouvez juger des choses plus froidement et surtout plus sainement, veuillez encore me dire parfois ce que vous penserez de mes œuvres, et soyez certain d'avance du cas que je ferai de vos conseils. Adieu, mon bon maître, excusez un peu votre élève; il s'est peut-être fourvoyé, ce n'est peut-être pas sa faute; à une autre fois. »

On le voit, Papety ne dédaignait point les avis de son ancien maître de Marseille; il était avide de recueillir le jugement des hommes compétents sur les toiles qu'il envoyait de Rome à Paris ; son père était spécialement chargé de lui transmettre scrupuleusement, dans ses lettres, toutes les remarques, toutes les critiques plus ou moins judicieuses auxquelles ses œuvres pouvaient donner lieu. Nous avons pu lire et voir nous-même ces petits carrés de papier revenus de Rome, qui renferment les appréciations diverses des œuvres de Papety, parues soit au *Moniteur*, soit dans l'*Artiste* ou dans le *Journal des Débats*. Papety faisait son profit de ces observations pour épurer son talent et arriver enfin à produire une œuvre irréprochable. On l'a souvent dit, un des caractères auxquels on reconnaît infailliblement le véritable talent, c'est le mécontentement de soi-même. Papety avait au plus haut degré cette qualité rare : le regard tourné sans cesse vers l'idéal qu'il poursuivait, il sentait combien son pinceau était encore loin de le réaliser et de l'atteindre, et quand il faisait déjà bien il eût voulu faire mieux encore. Loin de ressembler à ces médiocrités vaniteuses que le succès enfle ou aveugle, il était d'une réserve presque timide, et rien dans sa tenue et son langage simple et dépourvu de prétention ne pouvait faire soupçonner l'artiste qui, dès son début, avait marqué sa place au premier rang parmi cette pléiade de jeunes talents, l'espoir et l'orgueil de la peinture française.

M. Ingres avait cru voir une débauche de palette dans ce tableau égyptien aux teintes chaudes, à la couleur intense. L'austère directeur voulut ramener son élève à des études plus sévères : il lui donna, comme correctif, à copier le plafond de la *Farnésine*, *le Banquet des Dieux*, de Raphaël ; c'est la plus grande toile peinte par Papety ; les journaux de Paris en firent le plus grand éloge ; les *Débats*, le *Constitutionnel*, le *Moniteur*, l'*Artiste* et le *Commerce*, s'accordèrent à voir dans cette belle copie le morceau capital des envois de Rome, et remercièrent le jeune peintre du cadeau qu'il venait de faire à la France. On est heureux, disait à ce sujet le *Constitutionnel*, quand des hommes du talent de MM. Sigalon et Papety veulent bien consacrer leur temps à copier même des chefs-d'œuvre comme la *Sixtine* et la *Farnésine*. Cette dernière est peinte avec beaucoup de vigueur et rend parfaitement le faire large et la touche grandiose du modèle. Les défauts même, c'est-à-dire la dureté et l'exagération appartiennent à Raphaël, qui a su en faire des beautés, et ne doivent pas être mis sur le compte de son habile copiste.

En même temps qu'il envoyait sa copie (1) d'une des fresques de la *Farnésine*, Papety donnait de son crû une composition fort originale. C'était un dessin lavé, noir et blanc, représentant les Grecs veillant la nuit près du bûcher d'Achille, essai de peinture fantastique appliqué à un sujet grec et qui fut jugé très-diversement. Les uns y virent une heureuse tentative pour arriver à l'originalité par une sorte de transition entre l'art grec et Flaxman ; d'autres plus sévères ne voulurent y voir qu'une esquisse bizarre, un croquis fantasque et capricieux ; quelques-uns enfin reconnurent dans cet ouvrage une composition neuve et poétique, attestant une grande intelligence des temps héroïques, un haut sentiment de l'idéal et une parfaite connaissance de toutes les finesses de l'art.

Pour en finir avec les tableaux envoyés de Rome, nous nommerons encore une aquarelle représentant un *Intérieur de l'église de Santa-Croce*, à Florence, ville où Papety avait passé le printemps, à la suite d'une maladie qui avait fait craindre pour ses jours, et d'où il avait rapporté des albums enrichis des plus précieuses études. Cette aquarelle, du peintre convalescent, échappé à peine à la fièvre terrible (2) qui avait sévi, en 1839, dans la campagne de Rome,

(1) Ce tableau a été reproduit par les Gobelins et a figuré à l'Exposition universelle.

(2) L'*aria cattiva* avait sévi à Rome avec violence et n'avait pas épargné la Villa Médicis ; plusieurs pensionnaires avaient fui sur les hauteurs voisines, d'autres avaient gagné les sommets salubres de Tivoli. Papety seul garda son poste. Atteint de l'épidémie régnante, il fut abandonné aux soins d'une pauvre femme et traversa, dans cette solitude, toutes les crises d'un mal qui s'était compliqué d'une autre maladie non moins grave. La puissance vitale du jeune artiste finit par triompher.

était dédiée à sa mère, à qui il donnait ainsi, d'une manière ingénieuse, des nouvelles certaines de son retour à la santé; l'autre représentait un *Soleil couchant sur le Tibre*, et était dédiée à M. J. Autran, qui répondit à cet hommage par des vers de remercîment d'où nous extrairons ce passage :

Ton âme de poète, ô fraternel artiste,
Pour avoir su trouver cette page si triste,
Doit aimer, comme moi, les soirs silencieux,
Et sait à l'œil ravi les peindre beaucoup mieux.
Tout est là : tes pinceaux, sur cette étroite plage,
Des beaux soirs d'Italie ont mis l'entière image,
Et je retrouve enfin devant sa vérité
Tout ce que tant de fois mon âme a regretté !
Si bien que, maintenant, dans ma cellule obscure,
Quand je trouve au réveil ta charmante peinture,
Devant elle souvent, pressé d'aller m'asseoir,
Je commence le jour par admirer ton SOIR !
Et puis, quand le jour vient, à l'heure où de sa vue.
L'ombre grise poursuit le jour qui diminue.
Si mon œil pour jouir des splendeurs d'un beau ciel,
Compare l'authentique à l'artificiel,
Je ferme ma croisée au soleil de Marseille,
Et, seul, près d'un flambeau qu'avant l'heure j'éveille,
Du couchant véritable insultant les rayons,
Je contemple celui que m'ont fait tes crayons.

Citons encore son *Saint-Jacques suivi de deux acolytes*, belle figure typique du chrétien des premiers siècles, et son *Portique de Pompei*, où des femmes se sont réunies pour puiser de l'eau dans leurs amphores. Cette toile dont l'esquisse est à Marseille, dans le cabinet de M. Martin, prouve la flexibilité du pinceau de notre artiste qui, la même année, nous montrait dans son *Saint-Jacques* la rigidité catholique, et dans ses *Femmes à la fontaine*, la sensualité et la grâce payennes. Ce groupe de femmes au regard amoureux, à l'attitude paresseuse et molle, fait pressentir le *Rêve de bonheur*.

III

Nous venons de nommer l'œuvre de Papety qui a eu le plus de retentissement et autour de laquelle il s'est fait le plus de bruit. Le *Rêve de bonheur* est, en effet, de tous ses tableaux, celui qui a été, à la fois, le plus critiqué et le plus admiré. Commencé à Rome, il fut terminé à Paris, en 1843, où les princes de la critique parisienne purent en voir l'ébauche et donner à l'artiste leurs conseils avec ce ton magistral qui distingue les hauts et puissants seigneurs qui tiennent le sceptre du feuilleton.

Papety écouta tout, le blâme comme l'éloge; mais comme ces messieurs n'avaient jamais touché un pinceau et qu'ils ne s'appelaient ni Ingres, ni Delacroix; comme, d'ailleurs, il lui eût été difficile de suivre des conseils qui étaient le plus souvent en contradiction les uns avec les autres, il garda son inspiration personnelle avec une noble indépendance, et l'ensemble harmonieux de son œuvre une fois arrêté dans sa pensée, il fit à sa tête: ce qui ne manqua pas de lui attirer des critiques pleines de fiel qu'on peut expliquer aujourd'hui par le dépit de la vanité froissée. Joignez à cela, peut-être, les intrigues et les assauts de l'envie cherchant à miner sourdement la renommée d'un artiste entré de plein pied dans la gloire, sans lutte et sans efforts et sans se heurter aux ronces où tant d'autres se déchirent les pieds. La *Revue des deux Mondes* surtout, par l'organe de M. Peisse, attaqua sans ménagement cette belle peinture et en fit une critique des plus malveillantes. A son dire, Papety avait voulu faire une œuvre de style et de haute peinture historique, il avait traité son sujet dans un mode élevé, poétique, idéal. Son ambition était belle et l'on voyait rarement un jeune talent prendre une direction si haute; mais le peintre avait mal sondé ses reins, il n'était pas de taille à embrasser une composition aussi vaste, renfermant plus de vingt figures de grandeur naturelle, des types héroïques, idéaux, des nus, des draperies, des arbres, etc. Il fallait, pour mener à bonne fin une toile de cette dimension, qui avait d'ailleurs la prétention d'avoir un sens profond et de cacher de hautes intentions morales, il fallait une science profonde, une expérience consommée, des facultés exceptionnelles. Tons mats et crus, mauvaise entente de la distribution de la lumière, fonds vulgaire de pensées, absence d'unité et de liaison dans l'ordonnance des groupes, têtes d'hommes banales, femmes plus délicatement comprises, morceaux habilement traités dans les nus, expression insignifiante des figures qui ont l'air de s'amuser sérieusement ou de s'ennuyer en cérémonie; tel est le résumé de cette critique acerbe qui se terminait par un jeu de mots puéril. M. Papety a voulu, du premier bond, s'élancer au sommet de l'idéal philosophique, sa confiance a été plutôt de la présomption que de la hardiesse, et malgré quelques traits heureux, quelques intentions ingénieuses, son *Rêve de bonheur* ne sera pour lui qu'un *Rêve de gloire*. On ne comprend guère l'outrecuidance d'une pareille critique insérée dans le premier recueil littéraire de la France, en présence d'une œuvre imparfaite sans doute, mais qui fit courir tout Paris pendant plus de quinze jours; d'une œuvre qui a valu à son auteur la grande médaille d'or de l'Exposition de 1843 et a été popularisée par le burin de Jazet; d'une œuvre enfin écrite tout à fait dans le style et le sentiment de Raphaël, et dont le maître de Papety, M. Ingres, a pu dire : « Cette toile je n'hésiterais pas à la signer moi-même. »

Aujourd'hui, que les passions sont attiédies et que la postérité a commencé pour Dominique Papety, il est du devoir de la critique impartiale et consciencieuse de remettre à sa véritable place cette œuvre d'art et d'assigner son rang à son auteur. Le *Rêve de bonheur* ne peut sans doute être classé au même rang que les compositions magistrales de l'auteur de l'*Apothéose d'Homère*; mais sa place est immédiatement au dessous; Papety est à Ingres, ce que fut Jules Romain à Raphaël. On n'a point oublié les haines et les colères qui s'amassèrent, il y a quarante ans, autour de Géricault: le *Radeau de la Méduse* était, aux yeux des admirateurs de Guérin, de Gros, de Girodet, ces trois représentants de la peinture impériale, un symptôme irrécusable de décadence. Aujourd'hui, cette toile est regardée comme un chef-d'œuvre, et le dénigrement systématique et amer a fait place à une admiration intelligente et raisonnée. Ainsi, en sera-t-il de l'œuvre de notre artiste marseillais dont le mérite éminent n'est déjà plus contesté.

Mais un biographe doit tout dire, et pourquoi nous tairions-nous sur un point qui ne fait point tache à la belle renommée de notre charmant artiste? Ame impressionnable et croyante, Papety avait épousé d'abord, avec une foi assez vive, les théories du Phalanstère;

attiré par le mirage de la Jérusalem humanitaire, il s'y était lancé éperdûment. Le *Rêve de bonheur* fut accusé d'être un produit de l'école phalanstérienne; on y vit une toile synthétique d'une intelligence obscure, une composition symbolique et pleine d'arcanes dont le mot de passe était connu des seuls adeptes, et malgré sa disposition élégante et son harmonieux ensemble, quelques critiques lui lancèrent impitoyablement l'anathème et cherchèrent à envelopper, dans le même discrédit, la peinture et le système qu'elle figurait.

Nous ne savons pas jusqu'à quel point le *Rêve de bonheur* est une inspiration fourriériste; mais, à coup sûr, les choses se passent dans le paradis de Fourrier autrement que dans cette toile, et ces messieurs de la phalange ne se seraient guère contentés de ces joies innocentes, de cet air frais et pur, de ces délicieux ombrages, de cette harmonie enchanteresse qu'on y respire. Le bonheur se réduit-il pour eux à la position horizontale qu'affectent ces groupes et n'est-il rien qu'une sieste perpétuelle? Je sais bien que dans la toile primitive, Papety avait indiqué dans le lointain la fumée d'un bateau à vapeur et le geste significatif d'un télégraphe où l'on peut voir des symboles de la félicité matérialiste, obtenue par les conquêtes progressives de l'homme sur la nature; mais dans une toile de moindre dimension, qu'il composa pour le graveur Goupil, et qui a été reproduite par le burin de Jazet, Papety fit disparaître ces attributs fort peu poétiques et les remplaça par un monument gracieux soutenu par une svelte colonnade. Cette idée du bonheur futur est-elle d'ailleurs le privilége exclusif des partisans de l'*attraction passionnelle*? n'est-elle pas une aspiration commune à toutes les grandes âmes? n'est-elle pas aussi vieille que le monde? A notre avis, elle appartient à Lamennais, à Ballanche, à Lamartine, aussi bien qu'à Saint-Simon et Fourrier: elle remonte jusqu'aux traditions de l'âge d'or.

Mais en voilà assez sur la critique du *Rêve de bonheur*, venons-en à l'éloge et laissons la plume à un poète, ami de notre peintre. M. Joseph Autran, dans une lettre écrite de Paris le 6 avril 1843, à la rédaction du *Sud*, et intitulée les *Marseillais au Louvre*, décrit ainsi, avec amour, la belle composition de son compatriote.

Deux groupes principaux se partagent l'étendue de la toile. Le groupe de gauche représente les félicités dont l'origine est dans les sens. Deux jeunes chasseurs, revenus de leurs fatigantes excursions, sont assis sur le velours d'un riche gazon diapré de marguerites. La coupe est dans leurs mains; le jus doré des grappes vermeilles rit à travers le cristal diaphane. Voisine des deux chasseurs, une femme est assise, jeune, belle, blonde comme un rayon de printemps; parée de fleurs qu'elle arrondit en couronne sur sa tête, non sans jeter un furtif regard aux chasseurs qui la saluent de la coupe. Je ne m'arrête ni à la figure de l'époux assis aux pieds de la femme coquette, ni au couple amoureux qui cherche le mystère dans les ombres discrètes des charmilles, ni aux trois beaux enfants, heureux de folâtrer parmi les fleurs de la pelouse. La crainte de m'appesantir sur une analyse déjà écrite par plusieurs plumes habiles me fait passer en toute hâte au groupe qui anime la partie droite du tableau. Les joies du cœur et de l'intelligence y sont exprimées par différentes figures dont chacune demanderait isolément une attention longue et réfléchie. Je ne connais rien de solennel et de gracieux à la fois comme le vieillard appuyant la main sur la tête de sa fille. Toute la tendresse paternelle est exprimée dans les yeux souriants du patriarche auguste. A ses pieds, trois personnages sont assis: deux jeunes hommes, sérieux, attentifs, austères, absorbés par la lecture d'un livre ouvert sur leurs genoux, et une jeune fille qui étudie, elle aussi, mais un art conforme aux grâces de son sexe et de son âge, la botanique. A quelque pas plus loin, une femme retirée dans l'ombre, invoque le ciel vers lequel ses beaux yeux se tournent brûlants du feu de l'extase.

Les deux groupes dont je vous donne une idée si imparfaite sont liés entre eux par une grande et sublime figure qui domine toute la scène et représente l'*Harmonie*, sous la forme d'une femme jouant de la harpe. Le dernier accord de l'hymne improvisé par elle agite encore les fibres de l'instrument, et, la tête penchée, elle écoute le son qui fuit dans l'espace.

Je ne sais quelle idée on pourra se former du tableau d'après les paroles incolores et froides que j'aligne ici : elle sera sans doute bien inexacte pour plusieurs, et bien incomplète pour tous. Comment une pauvre plume, mal taillée et trempée dans une encre épaisse, pourrait-elle jamais reproduire la beauté de ces formes, l'éclat de ces couleurs, la vivacité de cette lumière splendide qui ruisselle à flots d'un ciel italien, versant ses atomes d'or sur les têtes brunes et blondes, sur les branches de l'acacia qui ombrage les molles voluptés des sens, sur les rameaux de chêne qui protége les robustes joies de l'esprit ? Où trouver un style assez enluminé de poésie pour offrir aux yeux du lecteur les ravissants détails semés sur cette toile par le caprice de l'artiste, les fleurs étoilées du gazon, les vignes flexibles qui serpentent autour d'une blanche statue, les coupes, les cors de chasse, les guirlandes d'oiseaux magnifiques, de faisans dorés appendus aux branches pliantes de l'acacia ? Pour mettre en relief ces milles détails merveilleux, il faudrait le burin de Virgile ou de Théocrite ; je m'empresse donc de quitter ma plume.

Telle est cette toile, qui a reçu la consécration de la gravure, et qui, reproduite par Jazet, qui s'est dévoué avec amour à ce labeur de patience et de génie, partage maintenant, avec les *Moissonneurs*, de Léopold Robert, l'honneur d'embellir la plupart de nos salons. Terminé à Paris, en 1842, *le Rêve de bonheur* orne aujourd'hui la galerie du Musée de Compiégne, formé par l'architecte Vivenel, dont Papety a peint aussi un fort beau portrait.

En 1844, Papety donna *la Tentation de Saint-Hilarion*, charmante composition d'une couleur peut-être trop argentée et trop tendre, qui a été reproduite par le burin.

En 1845, *la Défense de Ptolémaïs par le comte de Clermont*, qui se trouve au Musée de Versailles, et *Memphis*, deux tableaux qu'on ne dirait pas de la même main, surprise que fit souvent Papety aux habitués de l'Exposition, et qui prouve simplement la flexibilité prodigieuse de cet aimable pinceau. Ce qui frappe dans le premier de ces tableaux, c'est le mouvement désordonné des combattants, l'imitation scrupuleuse des costumes guerriers du 13e siècle, des armures de fer, des murailles dégradées, des échelles dressées, en un mot, de tout ce qu'il devait y avoir de matériel dans l'attaque et la défense d'une place forte à l'époque des croisades. L'autre tableau rappelle le style sculptural de l'Égypte ; c'est un sphinx dans un désert, (1) « toile brûlée des ardeurs du *Simoun*, passée au four d'un soleil tropical. » En prêtant, à une figure vivante l'air d'une nature de granit, telle qu'on en voit au Louvre dans la salle de l'Isis, l'auteur cédait sans doute à une pensée philosophique ; mais il avait trop compté sur l'intelligence du public, et cette toile d'un genre énigmatique eut peu de succès, au salon de 1845. L'auteur était resté au dessous de son *Rêve de bonheur*.

En 1846, Papety donna encore *Solon dictant ses lois*, grande et

(1) M. L. de Cormenin.

belle composition qui lui fut commandée pour le palais du Conseil d'État; puis, devenu peut-être un peu le peintre officiel du fourriérisme, il illustra la couverture d'un almanach phalanstérien d'une manière de Panthéon composite, qui associe, dit M. Louis de Cormenin, Moïse à Mahomet, Pythagore à Franklin, Fourrier à Jésus, et fait communier, dans les agapes d'une fraternité bizarre, les philosophies et les religions, les superstitions et les cultes.

Cependant, Papety n'avait point encore trouvé sa voie et conquis une franche individualité. Il cherchait, il esquissait, il composait, mariant, amalgamant les manières diverses; tantôt s'éprenant de Decamps et de Delacroix, et retombant en péché de couleur; tantôt revenant à M. Ingres, affectionnant les tons gris, argentés, refroidissant sa couleur, mais toujours admirable de lignes, de contours, et gardant ce coup de crayon large, hardi, facile, qui faisait la surprise des artistes les plus consommés.

« Il se reposait, dit un critique (1) déjà cité, de ses grands travaux par des pochades sur l'antique, par des croquis rapidement crayonnés, des plans, des études, des dessins d'architecture. Ses souvenirs d'Italie sont considérables, gais, clairs, élégants, d'une veine heureuse et facile. Lazzarones court-vêtus, improvisateurs râclant la mandoline, belles-filles à jupe écarlate, dansant des saltarelles folles devant la niche des madones fleuries de bouquets sous les pampres des tonnelles. »

IV

Néanmoins, le démon de la peinture le tourmentait. Il avait visité, fouillé en tous sens l'Italie; il savait par cœur Raphaël, son idole, qu'il ne revoyait jamais sans éprouver de ces joies ineffables que le vulgaire ignore, et sans finir par se dire avec l'accent d'une tristesse profonde : Voilà un homme qui sera éternellement le désespoir de tous les peintres. Il avait parcouru Florence, Parme, Venise, étudié Giotto à Padoue, et transcrit les premiers spécimens de la peinture renaissante avec autant de soin que les épreuves d'un art achevé; il savait donc ce qu'avait pensé l'Italie; il voulut déchiffrer la pensée de l'Orient, et partit pour la Grèce en compagnie d'un de ses meilleurs amis, M. Sabatier (2), de Montpellier.

Là, il composa un grand nombre de dessins pour le compte du gouvernement. Il fit, sur les lieux, une savante restauration du fronton mutilé du Parthénon. Secondé par la bienveillance de M. Piscatory, ambassadeur de France à Athènes, et par l'amiral Turpin, commandant nos forces navales dans le Levant, qui mit à sa disposition le brick l'*Argus*, alors en station au Pirée, Papety conçut un projet hardi : il entreprit de visiter les couvents jusqu'alors inexplorés du mont Athos.

Il faut lire dans la *Revue des Deux Mondes*, le recit simple et vif de cette excursion audacieuse, où Papety faillit compromettre sa liberté et sa vie, et où il prit le germe de ces fièvres intermittentes qui devaient, trois ans plus tard, le conduire au tombeau. L'Athos était le berceau de la peinture byzantine; Papety entrevoyait, par la pensée, les trésors archéologiques que devait contenir cette partie écartée du continent hellénique restée en dehors des invasions mu-

(1) Louis de Cormenin.

(2) M. Sabatier devint acquéreur, à Florence, d'une magnifique résidence dont il confia la décoration au pinceau de son ami Papety.

sulmanes. Il présumait que, dans cet heureux coin du globe, la plus pure tradition de la peinture byzantine avait dû se maintenir conservée par des hommes complètement étrangers aux sentiments et aux idées qui viennent, à certaines époques, changer la direction de l'art. L'espoir de recueillir quelques notions précieuses sur les peintres byzantins, lui faisait oublier les difficultés du voyage qu'il espérait d'ailleurs surmonter par sa persévérance. Plusieurs artistes avaient demandé la faveur de l'accompagner; mais on leur fit, des privations qui les attendaient, un tableau si effrayant, que Papety finit par se trouver seul avec un drogman chargé de l'accompagner.

Il partit intrépidement, doubla la pointe de l'Eubée, et débarqua à l'extrémité orientale de la presqu'île où est situé le monastère *Aghia Labra*, une de ces pieuses retraites où l'art chrétien eut jadis son centre. Papety eut la douleur d'y constater une déplorable torpeur dans le domaine de l'art et des lettres; et sur le terrain même de la vie matérielle, il trouva les moines Caloyers qui l'habitent, ignorants et oisifs, négligeant les travaux de l'agriculture, et ne vivant que de légumes, de confitures de rose et de poissons, la viande leur étant interdite par la règle de Saint Basile.

Papety se trouva fort mal de ce régime végétal, ne se composant guère que de tomates et d'aubergines; il y gagna la fièvre, et fut traité dès lors comme un pestiféré, et mis en quarantaine par l'aga résidant à Kariés; mais en dépit de ses ordres, il grimpa jusqu'à la ville avec son drogman, qui se mourait de peur. Là, on lui assigna pour prison momentanée les écuries de l'aga; et comme il n'avait pas encore reçu sa patente de santé du commandant du brick l'*Argus*, il fut traduit devant le conseil de la république, et prit place au banc des accusés, entouré, non pas de gendarmes, mais de janissaires; on le prit, au début de son interrogatoire, pour un espion russe, et il dut se fâcher contre son drogman qui, craignant d'être compromis par l'énergie de ses réponses, ne répétait pas un mot de ce qu'il avait dit. Enfin, la patente arriva. Le lieutenant de l'*Argus* indigné tança vivement les moines Moldo-Valaques sur les tracasseries auxquelles avait été en butte le jeune peintre français. Ils rejetèrent la faute sur l'aga qui s'était caché et qu'on ne découvrit pas, malgré les perquisitions acharnées des matelots, qui voulaient tout bouleverser. Tels furent les ennuis de ce voyage périlleux, qui offrit du reste à l'artiste un dédommagement réel (1).

L'église du couvent d'Aghia-Labra lui offrit, en effet, un des spécimens les plus complets de la peinture byzantine. Ce sont les fresques d'un moine nommé Manuel Panselinos, grand artiste byzantin, antérieur au neuvième siècle, dont la biographie est inconnue, et qui a laissé l'empreinte de son génie sur ces groupes de figures coloriées. Papety les copia sur les lieux avec une admirable patience; il fit connaître à la France les œuvres de Panselinos par ses belles aquarelles, exposées en 1847, et qui font aujourd'hui partie de la collection du Louvre. Il réunit, à son retour, les éléments d'une histoire complète de la peinture byzantine, du troisième au onzième siècle, et combla une lacune de plusieurs siècles, en faisant connaître les belles époques de cet art, et lui assignant son véritable rôle et son caractère.

(1) Papety visita les vingt-trois couvents de l'Athos tous décorés de fresques. Il vit peindre les moines Caloyers, et décrivit leurs procédés pour peindre et leur méthode pour enseigner leur art. Il les trouva fort arriérés et dépourvus de toute espèce de goût.

La relation de son voyage, insérée par lui dans la *Revue des Deux Mondes* (livraison du 1er juin 1847), restera comme un témoignage irrécusable de sa culture littéraire, de ses connaissances historiques, et de son ardent amour de l'art ancien à toutes ses époques. L'artiste archéologue étudiant, d'une manière intelligente et sans esprit de système, l'art indo-égyptien, l'art grec, l'art byzantin, l'art du moyen-âge et de la renaissance, se révéla également dans une série de feuilletons remarquables qu'il donna à la *Démocratie pacifique*. Ce n'étaient que les chapitres détachés d'un grand ouvrage qu'il méditait sur l'histoire de la peinture, et dont il avait rapporté de la Grèce les plus précieux matériaux. Nous avons sous les yeux un cahier des notes qu'il prit en Grèce; ce sont des extraits de Pausanias, des remarques historiques que lui suggèrent ses voyages dans l'Attique, à Corinthe, en Élide, en Achaïe, en Laconie, en Messénie, etc. On y voit, en marge, décrite à la plume, la pose de la main du Christ qui bénit, telle que l'offrent les mosaïques; quelques pages sont consacrées à l'étude du calendrier et des mois athéniens. Ici, l'artiste s'arrête pour dessiner l'antre de Trophonius; là, il visite les murs de l'Acropole dont il dessine un fragment à main levée; ces notes finissent à son départ du Pyrée, à bord de l'*Argus*, à 10 heures, au moment où il fait, dans une étreinte fraternelle, ses adieux à son ami Sabatier, qui n'a garde de le suivre au mont Athos.

De retour en France, de son premier voyage en Grèce, en 1847, Papety exposa une charmante petite toile représentant *les Peintres du mont Athos*: c'était un souvenir fidèle de son excursion aventureuse. M. Cavé, directeur des beaux arts en fit l'acquisition, et en est probablement encore, à cette heure, l'heureux possesseur. Il peignit ensuite un sujet mythologique, *le Récit de Télémaque*, et donna enfin *le Passé*, *le Présent et l'Avenir*, toile allégorique qu'il destinait à M. Sabatier, de Montpellier, son ami et son compagnon de voyage en Grèce. *Le Récit de Télémaque* eut les honneurs de la gravure. Quant au dernier tableau, il fut peut-être moins compris et moins goûté. Légèrement empreint de socialisme, il révélait des tendances fâcheuses, et semblait une page inspirée par le phalanstère spéculatif.

L'année n'était point terminée que Papety repartait pour la Grèce, où il avait à compléter des études trop tôt interrompues, et à recueillir des matériaux et des documents nouveaux pour son histoire archéologique de la peinture. Resté un mois à la cour du roi Othon, il y fit le portrait du roi, celui de la reine, et y prépara les éléments d'un tableau représentant l'entrée du duc de Montpensier à Athènes. Il peignit également, vers ce temps, le portrait du ministre grec Colletti, pour Louis Philippe, et fit de ce portrait deux copies, l'une pour M. Guizot, l'autre pour la galerie de Versailles.

La reine des Français, Marie-Amélie, venait de lui commander une *Vierge consolatrice*, quand éclata la révolution de février. Cette toile, d'une couleur un peu pâle, mais où le visage de la vierge est d'une suavité angélique, et où les groupes nombreux des malheureux qui sont autour d'elle portent tous, sur leur visage attendri, l'empreinte d'une profonde douleur, a été achetée par notre Conseil Municipal, à l'époque de la vente faite par la succession. Elle a été adjugée au prix de 6,000, et fait aujourd'hui l'ornement du Musée de Marseille, où tout le monde peut l'admirer. On remarque surtout dans un coin du tableau une pauvre femme de couleur représentée au moment où une main barbare lui ravit son enfant, et une délicieuse figure de jeune fille délaissée à la veille de son hymen, déposant aux pieds de Marie sa couronne de fiancée. L'artiste, reconnaissant a peint, dans le fond, *Marie-Amélie*, qui vient de perdre son fils aîné, ravi à sa tendresse par la plus imprévue des catastrophes. C'est bien là la douleur d'une mère et d'une reine, austère, silencieuse et contenue.

Voilà à peu près les tableaux les plus importants exécutés par Papety, dans un espace de douze ans. Nous n'avons point parlé de plusieurs portraits peints à Marseille (1), et d'une assez grande quantité de petits tableaux de chevalet qui, tous, ont leur prix. Il avait, de plus, en portefeuille, un foule de dessins, résultat des observations qu'il avait recueillies dans ses excursions en Belgique, en Allemagne, en Italie, en Grèce. On y trouve aussi les magnifiques dessins (2) destinés à être exécutés, au Panthéon, dans les travaux de décoration confiés à Chenavard. Le vigoureux artiste avait lui-même désigné Papety comme le seul homme capable de le seconder utilement dans sa gigantesque entreprise. Il s'agissait de représenter, dans une série de plus de cinquante compositions murales, l'histoire entière de la civilisation du monde. Tâche effrayante et presque téméraire, où le peintre phisosophe avait besoin de compter sur un talent souple, intelligent, exercé, doué d'une faculté puissante d'assimilation, ayant assez d'abnégation et de modestie pour accepter un rôle secondaire, assez d'habileté pour traduire la pensée du maître.

On était en mai 1849; le choléra sévissait à Paris. Papety, déjà malade, atteint par les fièvres qu'il avait contractées pendant ses voyages, visita le Midi de la France. La découverte qu'il venait de faire de fragments précieux de peinture antique en fouillant les combles du Louvre, avaient redoublé sa soif des recherches archéologiques. Tours, Bordeaux, Toulouse, Montpellier, Nîmes, Arles le virent explorer leurs ruines et s'intéresser avec amour à ces restes d'une civilisation perdue devant lesquels la foule passe, tous les jours, indifférente. Enfin, il arriva à Marseille, en juin de la même année, pour s'y reposer de ses fatigues et de ses travaux, au sein d'une famille chérie. Mais, entraîné par ses goûts irrésistibles de voyageur et une sorte d'activité fiévreuse, il repartit bientôt pour Montpellier et pour Arles. Un séjour trop prolongé dans le territoire malsain de la Camargue détermina, chez lui, le renouvellement des fièvres intermittentes dont il avait déjà ressenti es vives atteintes, à Rome et en Grèce. Il revint dans sa famille, mais, hélas! il était déjà trop tard. Les soins les plus tendres et les plus éclairés ne purent triompher de la violence du mal, et Dominique Papety s'éteignit (3), sous l'influence cholérique, à l'âge de 34 ans, dans la nuit du 19 au 20 septembre 1849.

Sa fin, dit M. Audouard, dans sa notice lue à la Société de Statistique de Marseille, dont Papety était membre, fut celle d'un chrétien fervent et résigné, d'une âme désabusée de ses rêves et revenue de ses poétiques erreurs. Malgré la dépopulation de la ville affligée alors de toutes les rigueurs du choléra, on vit à ses obsèques un concours assez nombreux d'artistes, d'amateurs et d'admirateurs de ce talent

(1) Papety peignit, à Marseille, le portrait de tous les membres de sa famille, le sien propre, ceux de Mme Pastré, de Mme Luce, de Mme Charles Roux, de la famille Rocca.

(2) On en offre, aujourd'hui, 12,000 francs.

(3) L'*Illustration*, la *Revue de Paris*, le *Journal des Débats* lui consacrèrent un article détaillé. M. Mazuy lui adressa de poétiques regrets dans l'*Athénée ouvrier*.

brisé si fatalement à l'heure où il allait s'élever le plus haut; d'amis surtout, car Papety devait en compter autant que d'admirateurs, tellement les plus nobles, les plus aimables qualités du cœur s'unissaient en lui à celles de l'intelligence et du talent.

Papety avait l'âme élevée, les sentiments généreux. Il était bon fils, bon ami, bon camarade. Voici deux traits qui le caractérisent:

Un jeune peintre qui montrait les plus belles dispositions pour son art, était dans l'impossibilité de s'exonérer du service militaire; — il fallait une somme assez ronde. — Un artiste, bien connu par son talent, M. L...., son ami et son protecteur, se chargea de la trouver. Plusieurs peintres furent visités, et Papety, qui n'était pas riche, ne put fournir son contingent. Mais son cœur saigna; il fit une aquarelle, la plaça immédiatement, et porta lui-même une somme de 350 fr. au généreux protecteur du jeune conscrit.

Pendant la période malheureuse de 1848, Papety recueillit chez lui et admit à sa table, pendant six mois, un artiste sans travail et sans ressources.

Ces deux peintres dont nous taisons les noms, occupent, aujourd'hui, un rang très-distingué parmi nos célébrités artistiques.

Dominique Papety était de taille moyenne et d'une complexion robuste; son geste était vif, son teint animé, ses traits pleins de vigueur et d'accent. Il avait le regard noir, profond, éclairé; la tête fine et fière. Ses manières, comme son langage, étaient simples et de bon goût; sa tenue était sévère. Il ne visa jamais à ces excentricités de coiffure et de costume qui constituent trop souvent l'unique originalité de prétendus artistes. Son esprit était ardent et mobile, inquiet, chercheur et résolu; il eût toute sa vie deux passions, deux tendances diverses plutôt qu'opposées : fouiller l'art ancien et faire de la peinture nouvelle. D'une vue droite, d'une main alerte, il avait cette facilité merveilleuse qui caractérise les natures provençales; c'était un peintre improvisateur. Son activité fut immense et l'examen de ses portefeuilles fut, pour le public, un sujet d'étonnement. « L'un de ses cartons contenait, dit l'*Illustration*, 320 dessins recueillis, en 1846, dans son premier voyage en Grèce, et dans ces dessins, le paysage et l'architecture étaient traités avec une égale habileté. Tout semblait digne d'intérêt à cet esprit curieux, et un crayon sûr venait toujours en aide à son cosmopolisme ardent. »

Un peintre marseillais (1) qui l'a beaucoup vu et pratiqué à Paris, en 1848, nous racontait que des artistes du plus haut mérite et déjà en pleine possession de la gloire, venaient souvent voir travailler Papety dans son atelier. Ce qui les frappait surtout, c'était une prestesse de pinceau qu'ils n'avaient encore nulle part rencontrée. Ils s'inclinaient devant ce *faire* hardi, dégagé, rapide, qui permettait à Papety de peindre, dans un an, une foule de motifs ingénieux et de charmants croquis. Tous, sans exception, avaient, pour ce talent vigoureux et net, une estime profonde, une sincère admiration. Jouissant, parmi ses pairs, d'une popularité légitime et réelle, Papety n'avait pas eu le temps d'obtenir le même renom parmi les gens du monde.

Il lui manquait encore ce qui grandit précisément l'artiste aux yeux de la foule, il lui manquait d'avoir dit son dernier mot et signé un chef-d'œuvre.

(1) M. Lagier.

On peut dire, sans être injuste envers cette chère mémoire, que Dominique Papety a trop produit et s'est peut-être trop dépensé en tous sens. Il lui a manqué ce frein qui bride des natures moins riches et règle des tempéraments moins bien doués. S'il n'a point assez fortement appuyé sa trace, s'il n'a pas satisfait à toutes les conditions de son art, si l'unité manque à ses œuvres, il sera, du moins, préservé de l'oubli par la facilité brillante de son pinceau, la pureté de son dessin et l'élégance de son style, qui le rattachent, quoique de loin, à Raphaël et au Poussin. Quelques-unes de ses toiles resteront surtout comme un commentaire intelligent et passionné de l'œuvre des maîtres.

Qui peut dire, d'ailleurs, ce que fût devenu Papety s'il ne nous eût été ravi au fort de ses études et de sa science acquise, alors qu'il pouvait manifester, avec plus de vérité et de franchise, son sentiment fin, pittoresque, élégant? Ne le jugeons donc pas tant sur ce qu'il a fait que sur ce qu'il eût pu faire : un talent aussi distingué mis au service d'une activité aussi rare pouvait encore enfanter de belles pages. N'oublions pas que notre peintre archéologue est mort dans sa sève, à trente-quatre ans, sans avoir révélé toute sa pensée, et que sa vie a été plus courte que celle de Léopold Robert, à qui notre peintre marseillais ressemble un peu par la grâce et la fécondité de ses œuvres, et dont il eût, sans doute, égalé, tôt ou tard, la renommée immortelle.

5 mars 1857.

www.ingramcontent.com/pod-product-compliance
Lightning Source LLC
LaVergne TN
LVHW010254230826
846091LV00007B/2960
9782012939134